de school - dugsi	3
de reis - safar	8
het transport - gaadiid	10
de stad - magaalo	14
het landschap - muqaal-dhireed	17
het restaurant - makhaayad	20
de supermarkt - carwo	22
de dranken - cabitaan	23
het eten - cunto	27
de boerderij - beer	31
het huis - guri	33
de woonkamer - qol jiib	35
de keuken - jiko	38
de badkamer - musqul-qubeys	42
de kinderkamer - qolka ilmaha	44
de kleding - dhar	49
het kantoor - xafiis	51
de economie - dhaqaalaha	53
de beroepen - shaqooyin	56
het gereedschap - qalab	57
de muziekinstrumenten - qalab muusiko	59
de dierentuin - beer-xayawaan	62
de sport - isboortiga	63
de activiteiten - hawlo	67
de familie - qoys	68
het lichaam - jir	72
het ziekenhuis - isbitaal	76
het noodgeval - xaalad deg-deg ah	77
de aarde - dhul	79
de klok - saacad	80
de week - toddobaad	81
het jaar - sanad	83
de vormen - qaababka	84
de kleuren - midabbo	85
de tegenstellingen - iska-soo-hoorjeeda	88
de getallen - lambarro	90
de talen - luuqado	91
wie / wat / hoe - kee / maxay / sidee	92
waar - xaggee	

Impressum
Verlag: BABADADA GmbH, Nedderfeld 112 , 22529 Hamburg
Geschäftsführer / Verlagsleitung: Harald Hof
Druck: Books on Demand GmbH, In de Tarpen 42, 22848 Norderstedt

Imprint
Publisher: BABADADA GmbH, Nedderfeld 112 , 22529 Hamburg, Germany
Managing Director / Publishing direction: Harald Hof
Print: Books on Demand GmbH, In de Tarpen 42, 22848 Norderstedt, Germany

de school
dugsi

de schooltas
boorso

de etui
kiis qalin-qori

het potlood
qalin-qori

de puntenslijper
koobka qalin qor

de gum
titirre

het beeldwoordenboek
qaamuus sawiro leh

het schetsblok
buugga sawirka

de tekening
sawirid

de kwast
burushka midabaynta

de verfdoos
gasaca midabaynta

de schaar
maqasyo

de lijm
koollo

het schrift
buug qoraal

het huiswerk
shaqo-guri

het getal
lambar

optellen
ku dar

aftrekken
ka jar

vermenigvuldigen
ku dhufo

rekenen
xisaabi

de letter
warqad

het alfabet
alifbeeto

de school - dugsi

het woord	de tekst	lezen
erey	qoraal	akhri

het krijt	het uur	het klassenboek
jeesto	cahsar	diiwaan

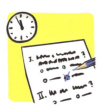  

het examen	het diploma	het schooluniform
imtixaan	shahaado	direes dugsi

de opleiding	de encyclopedie	de universiteit
waxbarasho	diwaan mowduuceed	jaamacad

 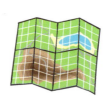 

de microscoop	de kaart	de prullenmand
mayskariskoob	khariidad	haan qashin-gur

de reis
safar

het hotel
hoteel

het hostel
hoteel jiif-cunto

het wisselkantoor
afiiska sarrifaka lacagaha

de koffer
shandad-dhar

de auto
baabuur

de taal
luuqad

ja / nee
haa / maya

oké
Hagaag

Hallo!
nabad miyaa

de tolk
turjumaan

Bedankt.
Waad mahadsan tahay

Wat kost ...?
waa immisa…?

Ik begrijp het niet.
ma aanan fahamin

het probleem
dhibaato

Goedenavond!
galab wanaagsan!

Goedemorgen!
subax wanaagsan!

Goedenacht!
habeen wanaagsan!

Tot ziens!
nabad gelyo

de richting
jiho

de bagage
alaabo

de tas
boorso

de rugzak
boorso-dhabar

de gast
marti

de kamer
qol

de slaapzak
katiifad

de tent
teendho

de reis - safar

het VVV-kantoor

xog dalxiis

het strand

xeebta

de creditkaart

kaar amaah

het ontbijt

quraac

de lunch

qado

het diner

casho

het kaartje

rasiid

de lift

wiish

de postzegel

tiimbare

de grens

xuduud

de douane

qeybta-canshuur-bixinta

de ambassade

safaarad

het visum

dal ku gal

het paspoort

baasaboor

de reis - safar

7

het transport
gaadiid

de veerboot

doon

de boot

doonnida

de motorfiets

mooto

de politiewagen

baabuur booliis

de raceauto

baabuur baratan

de huurauto

baabuur la-kiraysto

de carsharing
gaadiid-wadaag

de takelwagen
wiishle

de vuilniswagen
gaari qashin-gure

de motor
matoor

de benzine
shidaal

de benzinepomp
ajib

het verkeersbord
calaamad taraafiko

het verkeer
taraafiko

de file
jaam baabuur

de parkeerplaats
baarkin-baabuur

het station
boosteejo tareen

de rails
waddo-tareen

de trein
tareen

de tram
taraam

de wagon
gaari faras

het transport - gaadiid

de helikopter
helikobtar

de luchthaven
garoonka dayuuradaha

de toren
manaarad

de passagier
rakaab

de container
weel

de verhuisdoos
kartoon

de kar
gaari faras

de mand
dambiil

starten / landen
kicid / degis

de stad
magaalo

het dorp
tuulo

het stadscentrum
faras magaale

het huis
guri

de hut
mundul

het appartement
dabaq

het station
boosteejo tareen

het stadhuis
unta dowladda-hoose

het museum
matxaf

de school
dugsi

de stad - magaalo

de universiteit
jaamacad

de bank
bangi

het ziekenhuis
isbitaal

het hotel
hoteel

de apotheek
farmasi

het kantoor
xafiis

de boekenwinkel
buug shoob

de winkel
dukaan

de bloemenwinkel
dukaan ubax

de supermarkt
carwo

de markt
suuq

het warenhuis
suuq weyne

de visboer
kalluun-iibshe

het winkelcentrum
suuq

de haven
furdo

de stad - magaalo

het park
jardiino

de bank
kursi

de brug
buundo

de trap
jaraanjaro

de metro
waddo-tareen-hoosaad

de tunnel
waddo-dhul hoose

de bushalte
boosteejo

de bar
baar

het restaurant
makhaayad

de brievenbus
sanduuq boosto

het straatnaambord
calaamad waddo

de parkeermeter
joogid-cabbire

de dierentuin
beer-xayawaan

het zwembad
barkad dabbaalasho

de moskee
masaajid

de stad - magaalo   13

de boerderij
beer

de vervuiling
naqas

de begraafplaats
qabuuro

de kerk
kaniisad

de speelplaats
garoon

de tempel
macbad

het landschap
muqaal-dhireed

het blad — caleen
de wegwijzer — calaamad-waddo
de weg — waddo
de weide — seere
de steen — dhagax
de boom — geed
de wandelaar — buur korre
de rivier — webi
het gras — caws
de bloem — ubax

het landschap - muqaal-dhireed

de vallei
dooxo

de berg
buur

het meer
laag

het bos
kayn

de woestijn
saxare

de vulkaan
foolkaano

het kasteel
qasri

de regenboog
qaanso-roobaad

de paddenstoel
barkin-waraabe

de palmboom
geed timireed

de mug
kaneeco

de vlieg
duqsi

de mier
qoraanjo

de bij
shinni

de spin
caaro

het landschap - muqaal-dhireed

de kever

dameer-duudeey

de kikker

rah

de eekhoorn

dabagaalle

de egel

kashiito

de haas

dabagaalle

de uil

guumeys

de vogel

shimbir

de zwaan

boolo-boolo

het wild zwijn

doofaar-jilibeey

het hert

deero

de eland

faras-duur

de dam

biyo-xireen

de windmolen

tamar-dhaliye

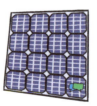

het zonnepaneel

soollar

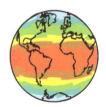

het klimaat

cimilo

het landschap - muqaal-dhireed

het restaurant
makhaayad

- de ober — kabalyeeri
- het menu — warqad qiimo
- de stoel — kursi
- de soep — maraq
- de pizza — biise
- het bestek — alaab
- het tafelkleed — maro-miis

het voorgerecht
af-billow

het hoofdgerecht
cunto bariimo

het toetje
macmacaan

de dranken
cabitaan

het eten
cunto

de fles
dhalo

het restaurant - makhaayad   17

de/het fastfood
cunto diyaarsan

het eetkraampje
cunto-waddo

de theepot
jalmad shaah

de suikerpot
weelka sonkorta

de portie
qayb

de espressomachine
mashiinka isbareesada

de kinderstoel
kursi dheer

de rekening
biil

het dienblad
tereey

het mes
mindi

de vork
fargeeto

de lepel
qaaddo

de theelepel
malqacad-shaah

het servet
shukumaan miis

het glas
galaas

het restaurant - makhaayad

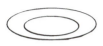
het bord
saxan

het soepbord
saxanka maraqa

de schotel
saxan

de saus
suugo

het zoutvaatje
weelka cusbada

de pepermolen
basbaas shiide

de azijn
fixiye

de olie
saliid

de kruiden
dhandhanaan

de ketchup
suugo

de mosterd
mastaard

de mayonaise
mayoonees

het restaurant - makhaayad   19

de supermarkt
carwo

- de aanbieding / qiima dhimis qaas ah
- de klant / macmiil
- de zuivelproducten / caano
- de winkelwagen / gaariga adeega
- het fruit / miro

de slager
kawaan

de bakkerij
foorno

wegen
cabbir

de groente
khudaar

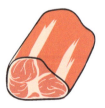

het vlees
hilib

de diepvriesproducten
cunto la qaboojiyay

de vleeswaren	het blikvoedsel	het wasmiddel
hilibka qadada	cunto gasacadeysan	oomo

het snoepgoed	de huishoudelijke artikelen	het schoonmaakmiddel
macmacaan	alaabada guri	alaabo nadaafad

de verkoopster	de kassa	de kassier
iibshe	diiwaan lacagta	qasnaji

het boodschappenlijstje	de openingstijden	de portemonnee
liis adeeg	saacadaha shaqo	shandada jeebka

de creditkaart	de tas	de plastic zak
kaar amaah	bac	bac

de supermarkt - carwo

de dranken
cabitaan

het water
biyo

het sap
casiir

de melk
caano

de cola
kooka-kola

de wijn
khamri

het bier
biir

de alcohol
khamri

de chocolademelk
kooke

de thee
shaah

de koffie
kafee

de espresso
isberesso

de cappuccino
koobishiin

het eten
cunto

de banaan
muus

de appel
tufaax

de sinaasappel
liin-bambeelmo

de meloen
qare

de citroen
liin

de wortel
karooto

de knoflook
toon

de bamboe
baambuu

de ui
basal

de paddenstoel
barkin-waraabe

de noten
loos

de pasta
baasto

de spaghetti	de rijst	de salade
baasto	bariis	salar

de friet	de gebakken aardappelen	de pizza
jibsi	baradho shiilan	biise

de hamburger	de sandwich	de schnitzel
haambeegar	saanwij	hilib-jiir

de ham	de salami	de worst
hilib-doofaar	salami	sooseej

de kip	braden	de vis
hilib-digaag	duban	kalluun

het eten - cunto

de havermout
sareenta mashaarida

de muesli
quraac isku-dhafan

de cornflakes
daango

het meel
bur

de croissant
nooc rooti ah

de broodjes
rooti

het brood
rooti

de toast
rooti-la-kulluleeyey

de koekjes
buskud

de boter
subag

de kwark
hanti

de taart
doolsho

het ei
ukun

het gebakken ei
ukun shiilan

de kaas
burcad

het eten - cunto

het ijs
jalaato

de suiker
sonkor

de honing
malab

de jam
malmalaado

de chocoladepasta
labeen macmacaan

de kerrie
suugo

de boerderij
beer

de geit
ri'

de koe
sac

het kalf
weyl

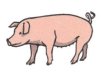
het varken
doofaar

de big
dhal doofaar

de stier
dibi

de gans
bawaato lab

de eend
bawaato

het kuiken
jiijiile

de kip
digaag

de haan
diiq

de rat
doolli

de kat
bisad

de muis
jiir

de os
dibi

de hond
eey

het hondenhok
hoyga eeyga

de tuinslang
tuubbo waraab

de gieter
sakeelka waraabinta

de zeis
gudin

de ploeg
carro-roge

de boerderij - beer

de sikkel
gudin

de schoffel
yaambo

de hooivork
fargeeto caws-beereed

de bijl
faas

de kruiwagen
gaari -gacan

de trog
dar

de melkbus
dhalada caanaha

de zak
jawaan

het hek
deer

de stal
xero xooleed

de broeikas
gur-biqlin-dhireed

de grond
ciidda

het zaad
abuuka

de mest
bacrimiye

de maaidorser
cagafta beer-goynta

de boerderij - beer

oogsten

beer-goyn

de oogst

beer-gooyn

de yam

moxog

de tarwe

sarreen

de soja

soya

de aardappel

baradho

de maïs

galley

het koolzaad

geed-saliideed

de fruitboom

geed mirood

de maniok

moxog

de granen

firiley

de boerderij - beer

het huis
guri

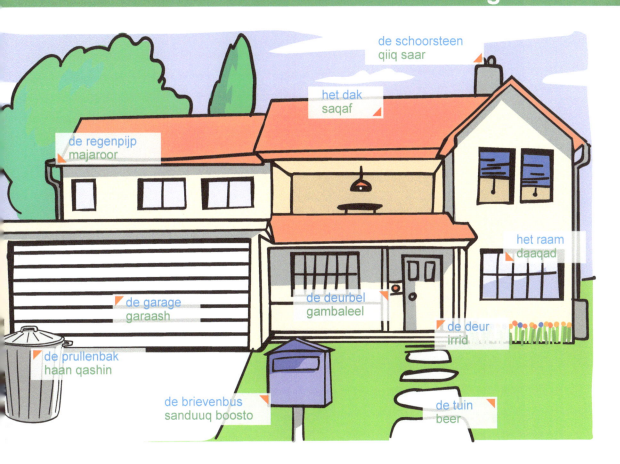

de schoorsteen
qiiq saar

het dak
saqaf

de regenpijp
majaroor

het raam
daaqad

de garage
garaash

de deurbel
gambaleel

de deur
irrid

de prullenbak
haan qashin

de brievenbus
sanduuq boosto

de tuin
beer

de woonkamer

qol jiib

de badkamer

musqul-qubeys

de keuken

jiko

de slaapkamer

qolka jiifka

de kinderkamer

qolka ilmaha

de eetkamer

qolka cuntada

de grond
sagxad

de muur
derbi

het plafond
saqaf

de kelder
makhaasiin

de sauna
soona

het balkon
balakoon

het terras
daarad

het zwembad
barkad

de grasmaaier
caws-jare

het laken
buste

de bedsprei
go'

het bed
sariir

de bezem
xaaqin

de emmer
baaldi

de schakelaar
daare-damiye

32   het huis - guri

de woonkamer
qol jiib

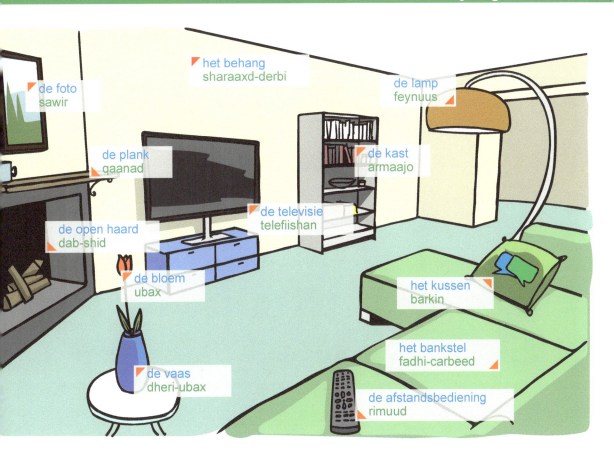

het tapijt
roog

het gordijn
daah

de tafel
miis

de stoel
kursi

de schommelstoel
kursi wareega

de stoel
kursi fadhi

de woonkamer - qol jiib 33

het boek
buug

de deken
buste

de decoratie
qurxin

het brandhout
xaabo

de film
filin

de stereo-installatie
cod-baahiye

de sleutel
fure

de krant
wargeys

het schilderij
rinjiyeyn

de poster
tabeelo

de radio
raadiye

het kladblok
xusuus-qor

de stofzuiger
huufar

de cactus
tiitiin

de kaars
shumac

de woonkamer - qol jiib

de keuken
jiko

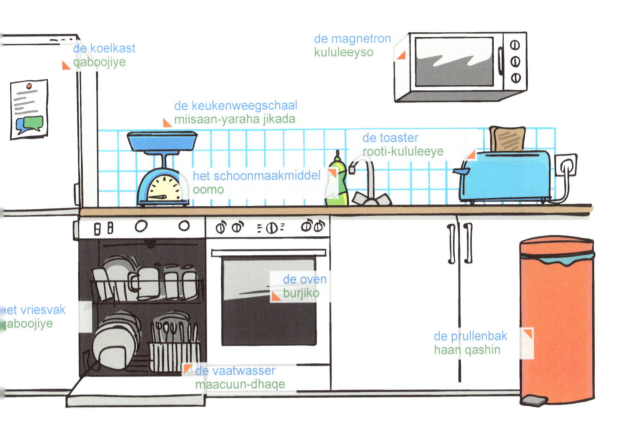

het fornuis
kuuker

de pan
dheri

de gietijzeren pan
birtaawo

de wok / kadai
birtaawo

de koekenpan
birtaawo

de ketel
kirli

de stoomkoker

uumiye

de bakplaat

saxaarad dubista

het servies

maacuun

de beker

bakeeri

de kom

baaquli

de eetstokjes

qoryo wax lagu cuno

de soeplepel

malqacad

de spatel

qaado

de garde

folow

het vergiet

miire

de zeef

shashaq

de rasp

qudaar-jare

de mortel

mooye

de barbecue

hilib-sol

de vuurhaard

dab

36　　　　　　　　　　de keuken - jiko

de snijplank
Iwaaxa wax-jar-jarka

de deegroller
ul jabaati

de kurkentrekker
guf-saare

het blik
gasac

de blikopener
gasac-fure

de pannenlap
istaraasho-jiko

de wasbak
axanka-alaab-dhaqa

de borstel
caday

de spons
isbuunyo

de blender
shiide

de vriezer
qaabojin qoto-dheer

het babyflesje
masaasad

de kraan
tuubbo

de badkamer
musqul-qubeys

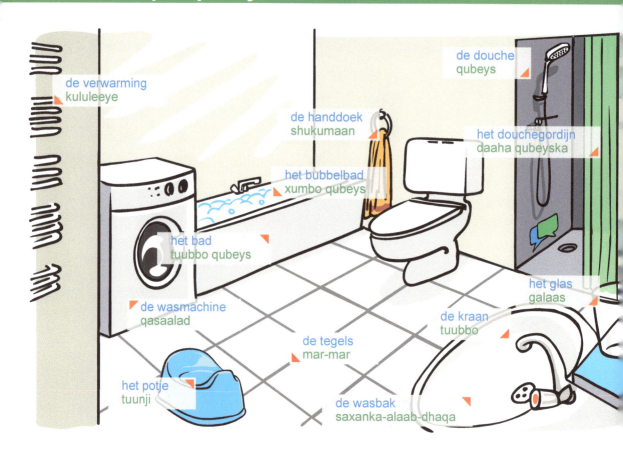

het toilet	het hurktoilet	de/het bidet
musqul	musqusha fadhiga	siin

het urinoir	het toiletpapier	de toiletborstel
weel kaadi	tiish musqul	burushka musqusha

de tandenborstel
caday

de tandpasta
daawo caday

het flosdraad
dunta ilka farashada

wassen
dhaq

de handdouche
gacan qubeys

de toiletdouche
tuubo-musqul

de waskom
beeshin

de rugborstel
burush-qubeys

de zeep
saabuun

de douchegel
shaambo

de shampoo
shaambo

het waslapje
cago-saar

de afvoer
biyo-saare

de creme
kareem

de deodorant
carfiso

de badkamer - musqul-qubeys

de spiegel

muraayad

de make-upspiegel

muraayad gacmeed

het scheermes

sakiin

het scheerschuim

xumbada xiirashada

de aftershave

daawo gar-xiir

de kam

shanlo

de borstel

burush

de haardroger

fooneeye

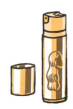

de haarspray

timo-buufis

de make-up

waji-qurxiye

de lippenstift

rooseeto

de nagellak

cidiyo-nadiifiye

de watten

dun

het nagelschaartje

cidiyo-jar

de/het parfum

baarafuun

40 de badkamer - musqul-qubeys

de toilettas
boorso-wajidhaq

de kruk
saxaro

de weegschaal
miisaan culays

de badjas
dhar-qubeys

de schoonmaakhandschoenen
gacma gashi cinjir

de tampon
tambooni

het maandverband
tiimshe

het chemisch toilet
musqul kiimiko

de badkamer - musqul-qubeys

de kinderkamer
qolka ilmaha

de ballon
buufin

het bed
sariir

de kinderwagen
gaariga caruurta

het kaartspel
turub

de puzzel
miinshaar

het stripverhaal
maad

de legostenen	de speelgoedblokken	het actiefiguurtje
ulkeeti boombale ah	tooy	sanam

 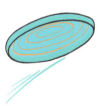 

de romper	de frisbee	de/het mobile
ku-jooga dhallaanka	aalad cayaar	moobaayl

het bordspel	de dobbelsteen	de modeltrein
khamaar	laadhuu	moodo tareen

de speen	het feestje	het prentenboek
boombale	xaflad	buug sawirro

de bal	de pop	spelen
kubbad	boombale	cayaar

de kinderkamer - qolka ilmaha

de zandbak
dhoobo-dhoobeey

de schommel
wiifoow

het speelgoed
alaab-alaabeey

de spelcomputer
geemka gacanta laga hago

de driewieler
baaskiil

de teddybeer
boombale

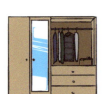
de kleerkast
armaajo dhar

de kleding
dhar

de sokken
sigisaan

de kousen
sigsaan haween

de panty
surwaal-dhuuqsan

44　　　　　　　　de kleding - dhar

de sjaal
masar

de paraplu
dallad

het T-shirt
funaanad

de riem
suun

de laarzen
kabo buud

de pantoffels
dacas

de sportschoenen
kabo tababar

de sandalen
saandalo

de schoenen
kabo

de rubberlaarzen
kabo roob

de onderbroek
hoos-gashi

de beha
rajabeeto

het onderhemd
garan

de kleding - dhar

de body

jir

de broek

surwaal

de spijkerbroek

surwaal jeenis

de rok

goono

de blouse

canbuur

het overhemd

shaati

de trui

funaanad-dhaxameed

de hoody

garan dhaxameed

de blazer

jaakad fudud

de jas

jaakad

de mantel

koodh

de regenjas

koodhka roobka

het kostuum

dhar-munaasabadeed

de jurk

labbis

de trouwjurk

lebbis aroos

46   de kleding - dhar

het pak	het nachthemd	de pyjama
suut	dhar-hurdo	bajaamo

de sari	de hoofddoek	de tulband
saari	masar	cimaamad

de boerka	de kaftan	de abaja
cabaayad	saako	cabaayad

het zwempak	de zwembroek	de korte broek
dharka-dabaasha	dabo-gaabyo	surwaal-dabagaab

het trainingspak	de/het schort	de handschoenen
taraak-suut	dufan-dhowr	gacmo gashi

de kleding - dhar

de knoop
galluus

de bril
ookiyaale

de armband
jijin

de ketting
silis

de ring
faraati

de oorbel
dhego dhego

de pet
koofiyo

de kledinghanger
katabaan

de hoed
koofiyad

de stropdas
garabaati

de rits
jiinyeer

de helm
helmed

de bretels
ilko-reeb

het schooluniform
direes dugsi

het uniform
direes

48   de kleding - dhar

het slabbetje
cayo-dhowr

de speen
boombale

de luier
maro-dufeed

het kantoor
xafiis

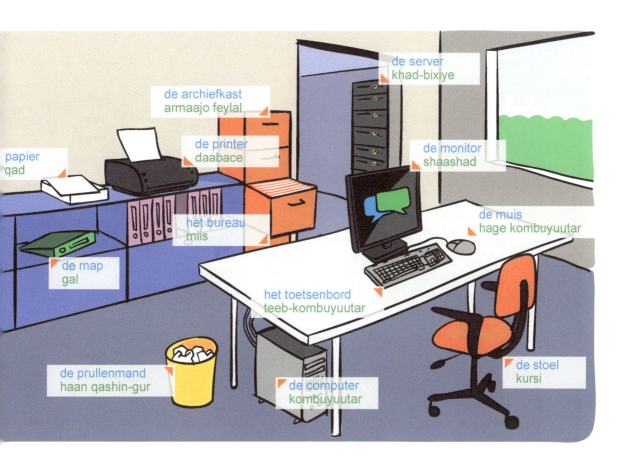

de server
khad-bixiye

de archiefkast
armaajo feylal

de printer
daabace

de monitor
shaashad

papier
qad

de muis
hage kombuyuutar

het bureau
miis

de map
gal

het toetsenbord
teeb-kombuyuutar

de prullenmand
haan qashin-gur

de stoel
kursi

de computer
kombuyuutar

de koffiemok
koob kafee

de rekenmachine
kalkuleytar/xisaabiye

het internet
internet

het kantoor - xafiis   49

de laptop
laabtoob

de brief
bakhshad

het bericht
fariin

de mobiele telefoon
moobaayl

het netwerk
shabakad-kombuyuutar

de kopieermachine
footokoobi

de software
barnaamij-kombuyuutar

de telefoon
telefoon

het stopcontact
god koronto

de fax
mishiinkan fax-ka

het formulier
foomka

het document
dokumenti

het kantoor - xafiis

de economie
dhaqaalaha

  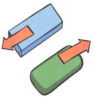

kopen	betalen	handelen
iibso	bixi	ganacso

het geld	de dollar	de euro
lacag	doollar	yuuro

de yen	de roebel	de frank
yenka jabbaan	robolka ruushka	Franka iswiiska

de renminbi yuan	de roepie	de geldautomaat
lacagta shiinaha	rubiyada hindiga	maqal

het wisselkantoor
xafiiska sarrifaka lacagaha

het goud
dahab

het zilver
qalin

de olie
shidaal

de energie
tamar

de prijs
qiime

het contract
qandaraas

de belasting
canshuur

het aandeel
raasumaal

werken
shaqee

de werknemer
shaqaale

de werkgever
shaqaaleysiiye

de fabriek
warshad

de winkel
dukaan

52 de economie - dhaqaalaha

de beroepen
shaqooyin

de politieagent — sarkaal booliis
de brandweerman — dab-demiye
de kok — cunto-kariye
de dokter — dhakhtar
de piloot — duuliye

de tuinman

beeralley

de timmerman

nijaar

de naaister

timo-qurxiso

de rechter

qaaddi

de scheikundige

farmashiiste

de toneelspeler

jile

de buschauffeur
darawal bas

de taxichauffeur
taksiile

de visser
kalluumeyste

de schoonmaakster
nadiifiso

de dakdekker
saqaf-dhise

de ober
kabalyeeri

de jager
ugaarsade

de schilder
rinjiile

de bakker
rooti-dube

de elektricien
koronto-yaqaan

de bouwvakker
dhise

de ingenieur
injineer

de slager
kawaanle

de loodgieter
tuubbiiste

de postbode
boostaale

54   de beroepen - shaqooyin

de soldaat
askari

de architect
injineer-dhismo

de kassier
qasnaji

de bloemist
ubax-yaqaan

de kapper
timo-jare

de conducteur
kiro-uuuriye

de monteur
makaanik

de kapitein
kabtan

de tandarts
dhakhtar-ilko

de wetenschapper
saaynisyahan

de rabbi
wadaad yahuud

de imam
imaam

de monnik
xerow

de pastoor
wadaad

de beroepen - shaqooyin 55

het gereedschap
qalab

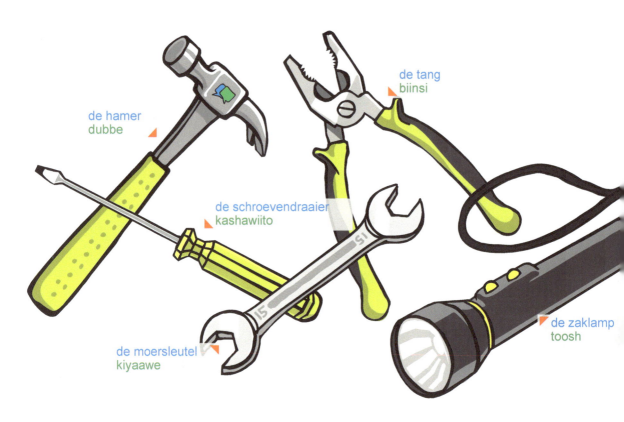

de hamer
dubbe

de tang
biinsi

de schroevendraaier
kashawiito

de moersleutel
kiyaawe

de zaklamp
toosh

de graafmachine

dhul-qoddo

de gereedschapskist

qalab-xajiye

de ladder

jaraanjaro

de zaag

miinshaar

de spijkers

musbaarro

de boor

dalooliye

repareren
dayactir

de schep
badiil

Verdorie!
inkaar kugu dhacday!

het stofblik
bus-xaabiye

de verfpot
gasacad rinji

de schroeven
boolal

de muziekinstrumenten
qalab muusiko

het drumstel — digsi
de luidspreker — samacad
de gitaar — kataarad
de contrabas — kataarad guux-weyn
de trompet — turumbo

de piano
biyaano

de viool
fiyooliin

de bas
karaarad guux-dheer

de pauk
durbaan-sheegagle

de trommel
durbaan

het keyboard
loox-xarfeed-biyaano

de saxofoon
turumbo

de fluit
siin-baar

de microfoon
makarafoon

58   de muziekinstrumenten - qalab muusiko

de dierentuin
beer-xayawaan

de dieren
xayawaan

de olifant
maroodi

de kangoeroe
kaangaruu

de neushoorn
wiyil

de gorilla
goriille

de beer
oorso

de kameel

geel

de struisvogel

gorayo

de leeuw

libaax

de aap

daanyeer

de flamingo

xiita-luga-dheer

de papegaai

baqbaqaa

de ijsbeer

oorso baraf-ku-nool

de pinguïn

shimbir baraf

de haai

libaax-badeed

de pauw

daa'uus

de slang

mas

de krokodil

yaxaas

de dierenverzorger

beer-xayawaan ilaaliye

de zeehond

bahal kalluun-cun

de jaguar

shabeel-u-eke

60   de dierentuin - beer-xayawaan

de pony
dhal faras

de/het luipaard
harmacad

het nijlpaard
jeer

de giraffe
geri

de adelaar
gorgor

het wild zwijn
doofaar-jilibeey

de vis
kalluun

de schildpad
qubo

de walrus
maroodi-badeed

de vos
dawaco

de gazelle
deero

de dierentuin - beer-xayawaan

de sport
isboortiga

American football
kubadda-cagta maraykanka

wielrennen
tartanka bashkuleetiga

tennis
kubbadda miiska

basketbal
kubbadda koleyga

zwemmen
dabaal

boksen
cayaarta feerka

ijshockey
hookiga barafka lagu

voetbal
kubadda cagta

badminton
baadminton

atletiek
ciyaaraha fudud

handbal
kubadda gacanta

skiën
iskii/ciyaarta barafka

polo
cayaar-faras

62   de sport - isboortiga

de activiteiten
hawlo

schrijven

qorraxeed

tekenen

masawirid

tonen

muuji

indrukken

riix

geven

sii

oppakken

qaado

hebben	doen	zijn
haysasho	samee	ahaansho

staan	lopen	trekken
istaag	orod	jiid

gooien	vallen	liggen
tuur	dhicid	been-sheegid

wachten	dragen	zitten
sug	qaad	fariiso

aankleden	slapen	wakker worden
labiso	seexo	toos

de activiteiten - hawlo

bekijken
fiiri

huilen
ooy

strelen
dhuftay

kammen
shanleyso

praten
hadal

begrijpen
faham

vragen
weydii

horen
dhageysasho

drinken
cab

eten
cun

opruimen
habee

houden van
jacayl

koken
kari

rijden
kaxee

vliegen
duulid

de activiteiten - hawlo

zeilen
shiraaco

rekenen
xisaabi

lezen
akhri

leren
barasho

werken
shaqee

trouwen
guurso

naaien
tol

tandenpoetsen
cadayso

doden
dilid

roken
sigaar cab

verzenden
dir

de activiteiten - hawlo

de familie
qoys

de grootmoeder / ayeeyo
de grootvader / awoowe
de vader / aabbe
de moeder / hooyo
de baby / ilmo
de dochter / gabar
de zoon / wiil

de gast
marti

de tante
eeddo

de oom
adeer

de broer
walaal rag

de zus
walaal dumar

de familie - qoys

het lichaam
jir

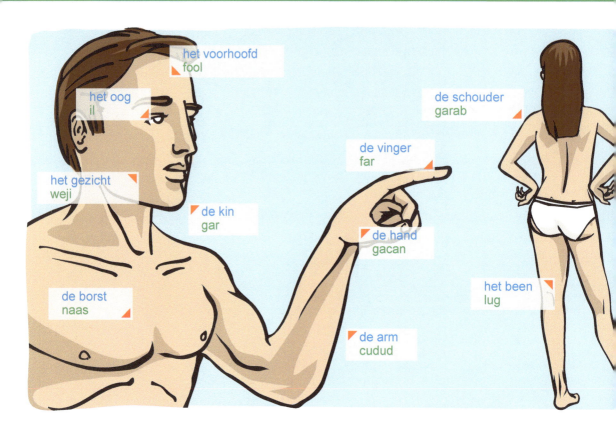

de baby
ilmo

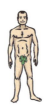
de man
nin

de vrouw
naag

het meisje
gabar

de jongen
wiil

het hoofd
madax

de rug
dhabar

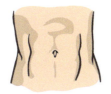

de buik
calool

de navel
xuddun

de teen
suul

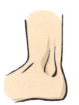

de hiel
cirib

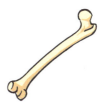

het bot
laf

de heup
sin

de knie
jilib

de elleboog
xusul

de neus
san

het achterwerk
bari

de huid
maqaar

de wang
dhafoor

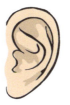

het oor
dheg

de lippen
bishin

het lichaam - jir

de mond
af

de tand
ilig

de tong
carrab

de hersenen
maskax

het hart
wadno

de spier
muruq

de long
sambab

de lever
beer

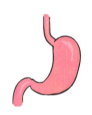
de maag
uur kujirta caloosha

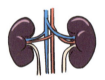
de nieren
kelyo

de geslachtsgemeenschap
galmo

het condoom
cinjir-galmo

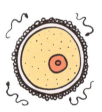
de eicel
ugxan

het sperma
shahwo

de zwangerschap
uur

70   het lichaam - jir

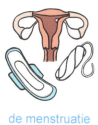
de menstruatie
caado

de vagina
siil

de penis
gus

de wenkbrauw
suni

het haar
timo

de hals
qoor

het lichaam - jir

het ziekenhuis
isbitaal

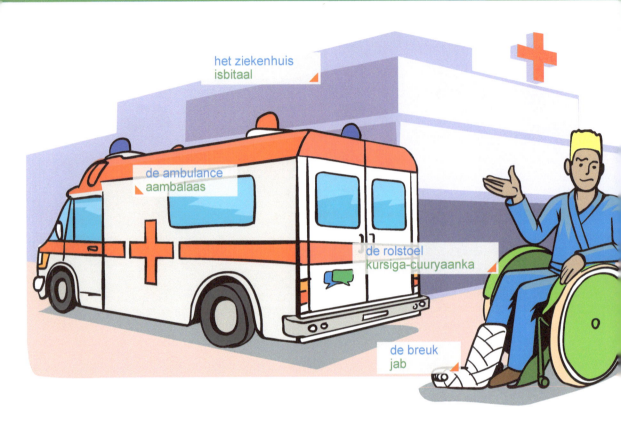

het ziekenhuis
isbitaal

de ambulance
aambalaas

de rolstoel
kursiga-cuuryaanka

de breuk
jab

de dokter

dhakhtar

de EHBO

qolka xaaladaha-degdega ah

de verpleegster

kalkaaliye

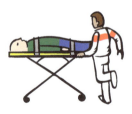

het noodgeval

xaalad deg-deg ah

bewusteloos

miyir-beelsan

de pijn

xanuun

de verwonding
dhaawac

de bloeding
dhiig-bax

de hartaanval
wadno-xanuun

de beroerte
qallal

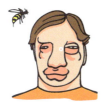
de allergie
xasaasiyad

hoesten
qufac

de koorts
qandho

de griep
hargab

de diarree
shuban

de hoofdpijn
madax-xanuun

de kanker
kansar

de diabetes
cudurka sokoroow

de chirurg
hakhtarka-qalliinka

het scalpel
mindida qalliinka

de operatie
qalliin

het ziekenhuis - isbitaal

de CT
iskaan

de röntgen
raajo

de echografie
dhawaaq-xawaareed

het gezichtsmasker
maaskaro

de ziekte
cudur sokoroow

de wachtkamer
qolka sugitaanka

de kruk
ul lagu boodo

de pleister
kab

het verband
faashato

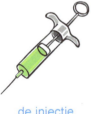
de injectie
duris

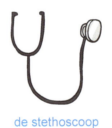
de stethoscoop
wadne-dhegeyeste

de brancard
balankiino

de thermometer
heer-kul-beega qandhada

de geboorte
dhalasho

het overgewicht
aad-u-cayilan

het ziekenhuis - isbitaal

het gehoorapparaat	het ontsmettingsmiddel	de infectie
maqal-caawiye	jeermis-dile	caabuq

het virus	(de) HIV / AIDS	het medicijn
feyras	AYDHIS/HIV	daawo
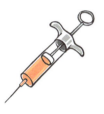	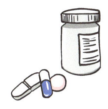	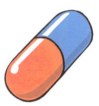
de inenting	de tabletten	de pil
tallaal	kaniiniyo	kaniin

het alarmnummer	de bloeddrukmeter	ziek / gezond
wicitaan deg-deg ah	cabbiraha dhiig-karka	xanuunsan / caafimaadsan

het ziekenhuis - isbitaal

het noodgeval
xaalad deg-deg ah

Help!
i caawiya!

het alarm
sawaxan

de overval
weerar-kadisa ah

de aanval
weerar

het gevaar
khatar

de nooduitgang
irridda bixida xaalad-deg-deg

Brand!
dab!

de brandblusser
dab demiye

het ongeluk
shil

de EHBO-koffer
saduuqa xaalada-degdega ah

SOS
codsi badbaado

de politie
booliis

de aarde
dhul

Europa
Yurub

Noord-Amerika
woqooyiga ameerika

Zuid-Amerika
koonfurta ameerika

Afrika
Afrika

Azië
Aasiya

Australië
Oostareeliya

de Atlantische Oceaan
Atlaantik

de Stille Oceaan
Pacific

de Indische Oceaan
Bad-waynta hindiya

de Zuidelijke Oceaan
Bad-waynta antarctica

de Noordelijke IJszee
Bad-waynta arctic

de Noordpool
cirifka waqooyi

de aarde - dhul 77

de Zuidpool
cirifka koonfureed

Antarctica
Antarctica

de aarde
dhul

het land
dhul

de zee
bad

het eiland
jasiirad

de natie
waddan

de staat
gobol

78   de aarde - dhul

de klok
saacad

de wijzerplaat	de uurwijzer	de minutenwijzer
wajiga saacadda	gacanka saacada	gacanka daqiiqada

de secondewijzer	Hoe laat is het?	de dag
gacanka ilbiriqsiga	waa intee saac?	maalin

de tijd	nu	het digitaal horloge
wakhti	hadda	saacadda jiifarrada

de minuut	het uur
daqiiqad	saacad

de week
toddobaad

maandag
Isniin

woensdag
Arbaca

vrijdag
Jimco

zaterdag
Sabti

dinsdag
Talaado

donderdag
Khamiis

zondag
Axad

gisteren

shalay

vandaag

maanta

morgen

berri

de ochtend

subax

de middag

duhur

de avond

casir

de werkdagen

maalmaha shaqo

het weekend

dabayaaqada usbuuca

de week - toddobaad

het jaar
sanad

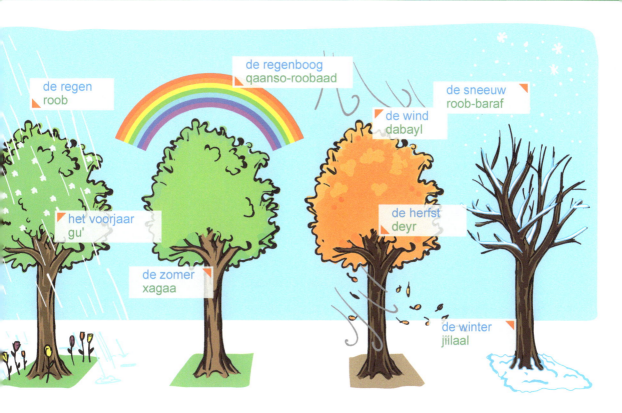

het weerbericht

saadaal hawo

de thermometer

heer-kul baare

de zonneschijn

qorraxeed

de wolk

daruur

de mist

ceeryaamo

de luchtvochtigheid

huur

de bliksem
jac

de donder
onkod

de storm
duufaan

de hagel
roob-baraf

de moesson
maansuun

de overstroming
daad

het ijs
baraf

januari
Jannaayo

februari
Febraayo

maart
Maarso

april
Abriil

mei
Mey

juni
Juun

juli
Luulyo

augustus
Agoosto

het jaar - sanad

september	oktober	november
Sebteember	Oktoobar	Nofeember

december

Diseember

de vormen
qaababka

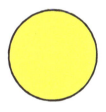  

de cirkel	het vierkant	de rechthoek
goobaabo	afar-gees	leydi

  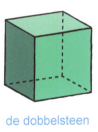

de driehoek	de bol	de dobbelsteen
saddex-xagal	wareeg	bokis

de kleuren
midabbo

wit
caddaan

geel
hurdi

oranje
oranji

roze
guduud-khafiif

rood
casaan

paars
carwaajis

blauw
bluug

groen
cagaar

bruin
boroon

grijs
cawl

zwart
madow

de tegenstellingen
iska-soo-hoorjeeda

veel / weinig
badan / yar

boos / vredig
caro / daganaan

mooi / lelijk
qurxoon / foolxun

begin / einde
billow / dhammaad

groot / klein
yar / weyn

licht / donker
iftiin / mugdi

broer / zus
walaalkaa / walaashaa

schoon / vies
nadiif / wasakhaysan

volledig / onvolledig
buuxa / dhantaalan

dag / nacht
maalin / habeen

dood / levend
dhintay / nool

breed / smal
ballaaran / ciriiri ah

eetbaar / oneetbaar
la cuni karo / aan la cuni karin

gemeen / aardig
arxan-daran / naxariis-badan

opgewonden / verveeld
faraxsan / caajisan

dik / dun
buuran / caateysan

eerste / laatste
ugu horeeya / ugu dambeeya

vriend / vijand
saaxiib / cadaw

vol / leeg
maran / buuxa.

hard / zacht
adag / jilicsan

zwaar / licht
culus / fudud

honger / dorst
gaajo / oon

ziek / gezond
xanuunsan / caafimaadsan

illegaal / legaal
sharci-darro / sharci

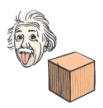
intelligent / dom
caaqil / dabbaal

links / rechts
bidix / midig

dichtbij / ver
dhow / fog

de tegenstellingen - iska-soo-hoorjeeda

nieuw / gebruikt
cusub / duug

niets / iets
waxba / wax

oud / jong
da' / dhalinyar

aan / uit
daaris / damin

open / gesloten
furan / xiran

zacht / luid
aamusnaan / cod-dheer

rijk / arm
taajir / sabool

goed / fout
sax / khalad

ruw / glad
jilif leh / sabiibax

verdrietig / gelukkig
murugsan / faraxsan

kort / lang
gaaban / dheer

langzaam / snel
tartiib / dhaqsi

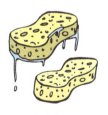
nat / droog
qoyaan / qalleyl

warm / koel
qandac / qabow

oorlog / vrede
dagaal / nabad

de tegenstellingen - iska-soo-hoorjeeda

de getallen
lambarro

0 nul — eber

1 één — kow

2 twee — laba

3 drie — saddex

4 vier — afar

5 vijf — shan

6 zes — lix

7 zeven — toddoba

8 acht — sideed

9 negen — sagaal

10 tien — toban

11 elf — kow iyo toban

12

twaalf

laba iyo toban

13

dertien

sadex iyo toban

14

veertien

afar iyo toban

15

vijftien

shan iyo toban

16

zestien

lix iyo toban

17

zeventien

todoba iyo toban

18

achttien

sideed iyo toban

19

negentien

sagaal iyo toban

20

twintig

labaatan

100

honderd

boqol

1.000

duizend

kun

1.000.000

miljoen

malyuun

de getallen - lambarro

de talen
luuqado

Engels
Af ingiriis

Amerikaans Engels
Ingiriiska Mareykanka

Chinees Mandarijn
Mandariinka Shiinaha

Hindi
Hindi

Spaans
Boortaqiis

Frans
Faransiis

Arabisch
Carabi

Russisch
Ruush

Portugees
Boortaqiis

Bengalees
Bengaali

Duits
Jarmal

Japans
Jabaaniis

wie / wat / hoe
kee / maxay / sidee

ik
aniga

jij
adiga

hij / zij / het
asaga / ayada

wij
annaga

jullie
idinka

zij
ayaga

wie?
kee?

wat?
maxay?

hoe?
sidee?

waar?
xagee?

wanneer?
goorma?

de naam
magac

waar
xaggee

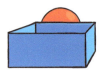	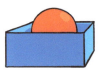	
achter	in	voor
gadaal	gudaha	horta
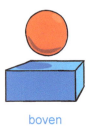	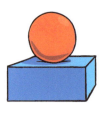	
boven	op	onder
ka sare	dusha	ka hooseeya
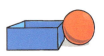		
naast	tussen	plaats
dhinac	u dhexeeya	meel

Milton Keynes UK
Ingram Content Group UK Ltd.
UKHW051012211124
451476UK00002B/10